Les parents échangés

Elfie Donnelly

Les parents échangés

Traduit de l'allemand par Sylvie Puech

iIllustrations d'Erhard Dietl

Mouche de poche
l'école des loisirs
11, rue de Sèvres, Paris 6e

Titre original : «*Die getauschten Eltern*»
Composition : Sereg, Paris
Loi numéro 49.956 du 16 juillet 1949 sur les publications destinées à la jeunesse : mars 1988
Dépôt légal : décembre 1990
Imprimé en France par Mame Imprimeurs à Tours

LES PARENTS ÉCHANGÉS

«Il se fait tard, allons faire des courses!» Maman jette un coup d'œil à sa montre et enfile son manteau.

Francis et Françoise n'ont pas bronché. Allongés sur le tapis du salon, ils continuent de feuilleter leurs bandes dessinées. Cela agace bientôt Maman qui leur retire leurs albums.

En représailles, Francis se met à hurler et Françoise lance un regard noir à Maman.

«Tous les autres enfants peuvent faire ce qu'ils veulent», s'écrie Françoise. « Et moi, je n'ai pas envie d'aller faire les courses ! »

Maman lève les yeux au ciel ; décidément, elle s'impatiente.

« Dépêchez-vous », dit-elle d'un air décidé en se dirigeant vers la porte d'entrée.

En maugréant, Françoise se chausse. Francis, lui, ne bouge toujours pas. Il faut que Maman le tire. Il gigote et hurle alors si fort que la voisine cogne contre le mur.

« Francis, s'il te plaît ! » gémit Maman.

Francis s'arrête tout net de crier. La mine boudeuse, il trottine derrière Maman et Françoise.

Les voici arrivés au supermarché.

SSE
LN
LIVRES
CA
PRODUIT
ITALIEN
VINS · FRUITS ·
CETTE SEM
15.-
PRALINE

On n'a pas le temps de s'y ennuyer. Francis se jette sur les paquets de friandises multicolores. Il voudrait tout manger.

«Les autres peuvent manger du chocolat», lance-t-il à Maman qui s'efforce de lui enlever des mains la boîte de truffes. Mais Francis s'agrippe violemment au paquet, si bien que celui-ci il finit par crever et se déchirer.

«Francis, lâche tout ça!» lui chuchote Maman. «Voilà que je vais être obligée d'acheter ces chocolats.»

Francoise brandit un illustré sous le nez de Maman.

«Il me le faut absolument! Cette semaine, le journal organise un concours. Je veux gagner ce voyage en Amérique!»

«Non!» répond Maman.

«Tous les autres enfants...» commence Françoise.

«Non!!!» hurle alors Maman. Si fort que Francis et Françoise sursautent de peur.

«Madame, on ne se conduit pas ainsi avec les enfants», intervient un jeune homme tout près d'eux.

Maman baisse la tête et fixe le sol en silence. Elle a l'air toute perdue.

C'est l'heure du dîner. Francis et Françoise sont déjà à table. Papa achève de mettre le couvert. Sur la table, Maman pose deux plats encore fumants.

Francis et Françoise s'affaissent sur leurs chaises en grimaçant. « Nous ne voulons pas de riz brun », bougonne Françoise.

« Et pas de champignons », ajoute Francis.

« Mais que voulez-vous donc ? » demande Papa en fronçant les sourcils.

«Des crêpes! De la glace à la chantilly! Du chocolat! Des frites et des spaghetti! Une tarte à la crème!» annoncent-ils pêle-mêle.

Maman gémit et se prend la tête entre les mains: «Vous allez vous rendre malades!»

«Pas du tout!» s'exclament en chœur les enfants.

«Tous les enfants en mangent», précise Françoise.

«Ça suffit maintenant. On mange», dit Papa. Comme il se régale, il ne dit plus mot et se concentre sur son assiette.

Mais Francis et Françoise commencent à chipoter d'un air dégoûté dans leurs assiettes.

«C'est fini», s'écrie Maman. «Lavez-vous les dents et filez au lit.»

«Les autres enfants ne se lavent jamais les dents», commente Françoise.

«En voilà vraiment assez!» Papa pousse un énorme soupir au-dessus de la table.

«Je veux regarder la télévision.» Francis se précipite dans le salon et s'affale sur le tapis. Mais Papa l'a suivi.

«Non!» fait-il énergiquement, debout devant le poste.

«Les autres peuvent regarder la télé», tempête Francis. «Et même les films policiers.»

Papa ricane d'un air gêné. «Alors,

trouvez-vous d'autres parents», conclut-il en poussant Francis et Françoise vers la salle de bains.

«C'est ce que nous allons faire immédiatement!» hurle Francis.

«Exactement», lance Françoise venimeuse. «Nous allons nous chercher d'autres parents.»

Dans le vestibule, Maman pouffe de rire à ces mots. Papa aussi. «Eh bien, bonne chance», leur souhaite-t-il en tirant la porte de la salle de bains.

Francis et Françoise entendent Maman soupirer.

Françoise donne un tour de clé. «Ils n'ont qu'à nous laisser tranquilles dans la salle de bains», fait-elle méchamment.

Une fois enfermés, les enfants font couler l'eau sans penser le moins du

monde à se brosser les dents. Francis déroule un long ruban de pâte dentifrice sur le rebord du lavabo. Quant à Françoise, elle barbouille le miroir avec sa brosse à dents. Le jeu finit par les lasser. Alors Françoise fait doucement tourner la clé dans la serrure pour ouvrir la porte. Leurs parents ont disparu dans le salon.

Vexés, Francis et Françoise regagnent leur chambre.

« Ce soir, nous ne leur souhaiterons pas bonne nuit », décide Françoise.

« Ça non ! » renchérit Francis. Il tire sur sa chaussette et la balance tout en haut de l'armoire.

Lovée au fond de son lit, Françoise feuillette une revue. Francis bâille et vient rejoindre sa sœur sous les couvertures.

« Saperlipopette ! » s'écrie Françoise, « lis donc un peu ! »

Mais Francis, qui va à la maternelle, ne sait pas encore lire. « Tu n'as qu'à me le lire », répond-il. « Je suis un peu myope, tu sais. »

Françoise ne tient plus en place : « Ecoute. »

« LES ENFANTS, SI VOUS N'ÊTES PAS CONTENTS DE VOS PARENTS, NOUS AVONS LA SOLUTION : NOUS VOUS PROPOSONS D'EN CHANGER ET VOUS EN FOURNISSONS DE NOUVEAUX. RENDEZ-VOUS AU CENTRE D'ECHANGE DE PARENTS.

OUVERT TOUS LES JOURS ENTRE MINUIT ET UNE HEURE DU MATIN. »

« Diantre ! » Francis s'absorbe un moment dans ses réflexions. « On y va tout de suite, Françoise ? » demande-t-il.

« Evidemment, on y va. Mais tu vois bien qu'il est encore trop tôt, boutchou », répond-elle un peu moqueuse. « Il n'est que huit heures du soir. Faisons d'abord un petit somme. »

Inutile de le répéter à Francis. Il dort déjà à poings fermés.

« Retourne dans ton lit », lui chuchote Françoise. Peine perdue, Francis est déjà bien loin.

« Il ne faut pas que je m'endorme », se répète Françoise. Mais que faire lorsque vos yeux se ferment de sommeil ?

AU BUREAU D'ÉCHANGE DES PARENTS

Cette nuit-là, beaucoup d'enfants se sont mis en route. Francis et Françoise grelottent dans leurs petits pyjamas.

« Je veux rentrer », pleurniche Francis en pressant son nounours contre lui.

« Il est trop tard pour rebrousser chemin. » Françoise lui saisit la main et avance d'un pas ferme.

Cette fois, ils approchent. A l'angle de la rue, un panneau aux grandes lettres de néon multicolores luit au-dessus d'une porte.

Il indique: «Bureau d'échange des parents».

Francis et Françoise pénètrent dans le local. C'est une grande salle surchauffée, bruyante et pleine de monde.

«Oh!» s'exclame Francis qui n'en croit pas ses yeux.

Un gros homme en costume rayé lui donne une tape sur l'épaule. «On ne manque pas de choix ici, n'est-ce pas, jeune homme?»

Des dizaines de parents sont assis deux par deux dans d'immenses boîtes en verre: il y en a des grands et des petits, des replets et des tout minces, des jeunes et des vieux. Certains n'ont pas l'air commode. D'autres paraissent très tristes. D'autres encore font des petits signes amicaux au travers des vitres.

Le gros bonhomme tire de lourdes bouffées de son cigare et souffle la fumée dans la figure de Francis.

« Faites un tour et jetez un coup d'œil, le choix est libre et gratuit. » Et il assène une autre claque amicale sur l'épaule du petit Francis, puis va se perdre dans la foule.

« Salut Françoise ! » Voilà Serge, le rouquin. Il est dans la classe de Françoise. « Je viens de déposer mes parents pour un troc plus avantageux. »

Il emmène avec lui un grand homme dégingandé et une petite

femme rondelette. La petite femme se rebiffe un peu.

«J'ai sans doute fait une bonne affaire, le père a les poches bourrées de bonbons. Allez, bonne chance.»

«On y va», lance-t-il à ses nouveaux parents, entraînant au-dehors sa nouvelle acquisition.

Francis et Françoise vont de surprise en surprise : voilà que dans l'une des vitrines ils aperçoivent leurs parents !

« Maman ! » s'écrie Francis.

« Papa ! » appelle Françoise.

Incroyable, les parents de Francis et Françoise mis sous cloche ! Maman n'a pas l'air très contente et Papa roule un œil craintif derrière ses lunettes.

« Ils ne nous voient même pas », souffle Francis.

« C'est aussi bien comme ça », réplique Françoise, attirant son frère plus loin.

« Comment trouves-tu ces deux-là ? »

Ils se sont arrêtés devant un père et une mère. La mère est blonde avec des fossettes aux joues. Le père porte une longue barbe.

Mais Francis secoue la tête. Non, vraiment, ceux-ci ne lui plaisent absolument pas. En plus, la barbe, ça pique lorsqu'on s'embrasse pour se souhaiter bonne nuit.

« Et ceux-là ? » Françoise montre du doigt le couple suivant.

« Oh non, ils ont l'air vraiment trop sévères », fait remarquer Francis.

«Mais ces deux-là!» s'écrie Françoise. «Regarde, Francis, comme ils sont bien! En plus ils ont l'air d'être riches!»

Francis examine attentivement les deux nouveaux venus. Françoise a sans doute raison, ils doivent avoir beaucoup d'argent. Le père a posé un

épais portefeuille sur ses genoux et compte ses gros billets. Il fume la pipe, et ses chaussures noires semblent très très chic! Et la robe de la mère! Magnifique! Elle est brodée de perles brillantes qui jettent des éclairs et éblouissent Francis qui ne peut s'empêcher de cligner des yeux.

« On les prend. » Francis trépigne de joie. « Ils nous achèteront sans doute tout ce qu'on voudra. »

« Et même bien plus, on parie ? » ajoute Françoise ravie.

Elle fait signe au gros homme au cigare et lui indique les riches parents. « Nous les prenons », dit-elle.

« Formidable », tonne-t-il. « Voilà ce que j'appelle avoir bon goût. »

Un lourd trousseau de clefs pend à sa ceinture. Il ouvre la boîte de verre.

« On vient vous chercher, chers messieurs dames. »

« Comme c'est gentil ! » s'exclame la mère.

« Déjà ? » fait le père en rangeant son portefeuille. « C'est parfait. »

Françoise hèle leurs nouveaux parents et prend son frère par la main. « Allons-y. »

Les nouveaux parents leur emboîtent fièrement le pas.

DANS LA NOUVELLE MAISON

« Ma voiture est garée juste devant », dit leur nouveau père.

Francis et Françoise frémissent d'excitation. Ils n'ont encore jamais vu une aussi grosse voiture *en chair et en os*.

« Il n'y a qu'à la télé qu'on voit des autos pareilles. »

« C'est une Rolls », explique la nouvelle maman.

« Aah », s'exclame Francis, « une Rrrrolls Rrrrroyce ! »

Un homme en livrée et casquette se précipite à leur rencontre. Il ouvre la portière arrière en faisant une profonde révérence. « Soyez les bienvenus, jeunes gens », leur dit-il.

Francis et Françoise s'assoient au milieu, entourés, à gauche, de leur nouveau père et, à droite, de leur nouvelle maman.

Avec un bruit feutré, la voiture démarre. Les enfants jettent un coup d'œil par la vitre.

« Mais il fait déjà jour ! » Francis n'en revient pas. Les roues de la voiture crissent en remontant le chemin de graviers jusqu'à une grande propriété blanche.

De part et d'autre d'un immense

escalier, cinq femmes en tenue noire et tablier blanc et cinq hommes portant pantalon noir et gilet rayé.

« Voici les femmes de chambre et les domestiques », leur explique gentiment la nouvelle maman. Ceux-ci saluent jusqu'au sol au passage des enfants et de leurs nouveaux parents.

Francis est un peu inquiet. Il serre

son nounours bien fort contre lui. Même Françoise a l'air embarrassé. Doit-elle, elle aussi, se mettre à faire des courbettes ?

Les voici dans la maison. « Je vous montre tout de suite vos chambres, mes chers petits. A condition que vous en ayez envie, bien sûr », précise le père.

« On aura chacun sa chambre ? » demande Francis épaté.

« Mais… évidemment », s'étonne la nouvelle maman. « On a tous besoin d'espace pour vivre. »

« Naturellement. » Francis et Françoise ne peuvent plus contenir leur enthousiasme.

« Que souhaitez-vous voir d'abord ?

Vos salles de jeux ? Vos chambres ? Vos dressings ? Les salles de bains ? Ou bien vos bureaux où vous pourrez faire vos devoirs quand vous en aurez envie ? » propose la maman.

« On veut voir tout à la fois », répond Francis.

« Exactement ! » dit Françoise.

Les parents les précèdent jusqu'au premier étage. Deux valets leur ouvrent la porte.

« Voici les salles de jeux », annonce le père en leur cédant le passage.

« Oh ! » fait Francis stupéfait.

« Superbe ! » s'écrie Françoise.

Ils font le tour des pièces, n'arrêtant pas de pousser des exclamations de joie et d'émerveillement.

Les salles de jeux communiquent entre elles par une porte. Dans chaque pièce s'entasse une montagne de jouets. Deux immenses trains électriques occupent l'espace. Deux télévisions couleur et deux magnétoscopes sont installés près des fenêtres. Les deux armoires sont pleines à craquer de cassettes vidéo.

A côté des trains électriques, de gros animaux en peluche en forme de siège. Et dans chaque pièce, une vraie batterie, un piano, une flûte, un magnétophone.

Les murs sont tapissés d'étagères ployant sous le poids de romans et d'albums.

Francis et Françoise découvrent encore des voitures et des maisons de poupée, des voitures de course éparpillées, des tables avec des crayons de couleur, des tableaux avec des craies, des châteaux forts avec leurs petits personnages, des Légo.

Francis et Françoise ne peuvent plus détachèr leurs yeux de ce spectacle; ils courent d'une pièce à l'autre. Chaque pièce contient exactement les mêmes jouets que l'autre.

« Voulez-vous voir les autres pièces ? » demande gentiment la maman.

« Oh non, plus tard », répond Francis qui s'est déchaîné sur la télécommande du récepteur de télévision. De son côté, Françoise fait avancer son train électrique.

« Tout ce premier étage vous appartient », dit le père. « Quant à nous, nous descendons à la salle à manger nous restaurer. »

Francis et Françoise ne les écoutent même pas.

« Vous n'avez qu'à sonner si vous souhaitez nous voir et nous viendrons », ajoute la maman. « A tout à l'heure. »

« Françoise », crie Francis, « viens là ! Je n'aime pas jouer tout seul. »

« Tu n'as qu'à venir toi-même », répond Françoise qui doit hurler pour se faire entendre, car les pièces sont immenses et la télévision marche très fort dans celle de Francis.

« C'est à toi de venir », lance Francis à Françoise, car il n'a pas l'intention de bouger.

« Sonne notre nouveau papa. Peut-être voudra-t-il jouer avec toi. Ça lui fera sûrement plaisir. »

Francis tire le cordon de la sonnette

qui pend près de la porte. Entre un valet qui fait une profonde révérence.

« Où est mon père ? Qu'il vienne ! » dit Francis.

Le valet s'éloigne rapidement.

Quelques minutes plus tard, le nouveau papa apparaît dans l'encadrement de la porte.

« On va jouer », déclare Francis un

peu autoritaire. Aussitôt son père s'agenouille auprès du train électrique. Il ne semble pas craindre de froisser son magnifique costume.

« Bien volontiers, mon fils », dit-il.

« Maintenant, on joue au cheval ! » Francis s'installe sur le dos du papa et fait *galoper* sa monture jusqu'à épuisement. Non pas du nouveau papa. Mais de lui-même.

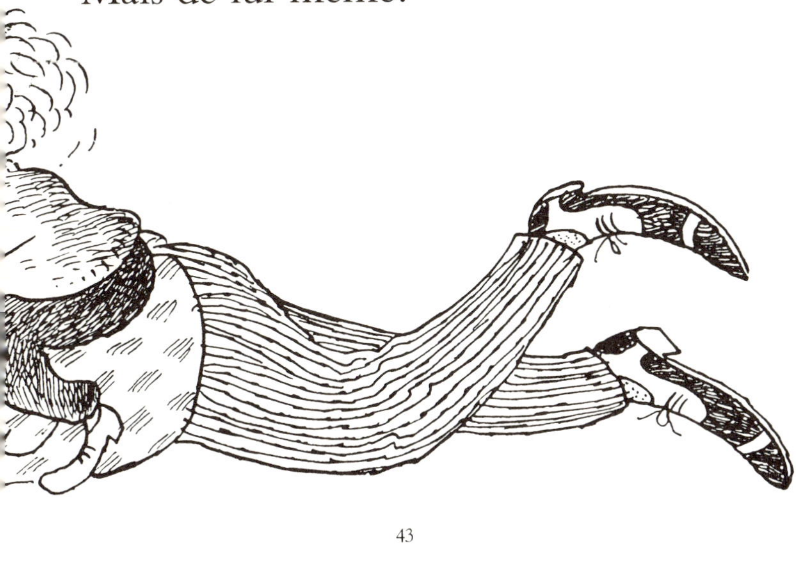

«Jouons au train électrique.» Francis bâille et se frotte les yeux.

Alors le papa joue avec Francis. Il fait démarrer les trains. Il surveille les aiguillages. Il installe les petites figurines dans le train. Il met la casquette du chef de gare.

«Je veux jouer, moi aussi», proteste Francis en pleurnichant.

Le père lui jette un coup d'œil inquiet.

«Il ne faut pas te fatiguer, mon garçon», fait-il soucieux. «Tu peux demander à l'un des valets de jouer à ta place.»

Mais Francis commence à s'énerver: «Je veux voir un film. Mettons le magnétoscope en marche!»

Le père se redresse d'un bond et attrape une pile de cassettes vidéo dans l'armoire. « Laquelle veux-tu regarder ? »

Francis lui indique les cassettes de Mickey Mouse, de Donald et du Livre de la jungle.

« Souhaites-tu les voir l'une après l'autre ou toutes en même temps ? Dans ce cas, je ferai apporter deux autres téléviseurs et deux magnétoscopes. »

« L'une après l'autre », dit Francis.

Françoise arrive en courant. « Je veux les voir, moi aussi », dit-elle.

Entre la maman. « Ne préfères-tu pas regarder tes propres films ? » demande-t-elle à Françoise en lui caressant doucement les cheveux.

« Non, je voudrais rester avec Francis. » Françoise pousse un gros soupir de satisfaction en s'asseyant près de Francis. Elle n'a pas envie de rester seule.

Ils regardent trois films à la suite. Puis encore un western, les informations et un film policier.

Les parents ont disparu. Mais lorsque Francis sonne à nouveau et s'écrie : « J'ai faim ! A manger ! » ils reviennent aussitôt.

« De quoi avez-vous envie ? » demande le papa.

« On veut des spaghetti, des frites, de la tarte à la crème, de la glace à la framboise et des crêpes », commande Francis.

« La même chose pour moi », ajoute Françoise qui se lèche déjà les babines.

« Si cela vous fait plaisir... » La nouvelle maman a inscrit la commande sur une fiche qu'elle tend à la domestique debout derrière elle.

Peu après, deux serveurs entrent en poussant une grande table à roulettes.

Deux employées servent les spaghetti, les frites, les crêpes, la glace et la tarte.

« Bon appétit », disent-ils en chœur avant de s'en retourner. Seuls, les parents assistent au repas des petits.

Francis et Françoise s'empiffrent.

Francis s'aide de ses doigts. Quelques gouttes de ketchup vont s'écraser sur le sol.

« Attention au beau tapis ! » s'exclame Françoise en jetant un œil vaguement inquiet en direction des parents.

« Scusez-moi ! » grogne Francis qui se lèche les doigts.

« Aucune importance ! » répond le père. « Nous le remplacerons demain par un tapis neuf. »

« Peut-être même d'une autre couleur, qu'en penses-tu, Papa ? »

« C'est à nos chers enfants de décider », répond le père.

Françoise enfourne une énorme crêpe dans sa bouche. Tout son visage est barbouillé de confiture.

Francis se tourne vers les parents avec surprise. « Mais pourquoi ne vous mettez-vous pas en colère ?» leur demande-t-il.

« Pourquoi devrions-nous nous fâcher ? Nous ne sommes que vos parents », répond la maman. « Et nous sommes entièrement à votre disposition. »

Le père approuve : « Totalement à votre service, mes chers petits. »

« Bon ! » dit Françoise qui décidément n'y comprend plus rien. « Mais pourquoi ne mangez-vous pas avec nous ? »

« Parce que nous ne souhaitons pas vous déranger », réplique la mère. « Chez nous les enfants sont rois. »

« Puisque je suis le roi », ricane Francis, « il me faut une couronne. »

A ces mots, le père griffonne quelques mots sur une fiche. Il sonne un domestique et lui met la fiche au creux de la main.

« Bien monsieur », répond le valet qui s'en retourne suivi des parents.

Gavés, Francis et Françoise s'affalent sur leurs chaises. Ils ne se sentent pas trop bien.

Francis, entendant une auto freiner, se précipite vers la fenêtre. « Viens voir ! » crie-t-il à sa sœur.

D'une splendide voiture descend une femme très élégante. Elle tient entre les mains un coussin de velours et sur ce coussin…

« Mais… c'est une couronne ! » fait Francis interloqué.

On frappe à la porte.

«Entrez!» disent en chœur les enfants. Le nouveau papa s'efface devant la jeune femme. Ebahi, Francis contemple le coussin et sa couronne.

«Voici pour toi, mon fils», dit le père. Il dépose fièrement la couronne sur la tête de Francis. Mais elle est bien lourde et lui glisse sur l'oreille gauche.

« C'est une vraie couronne, comme c'est charmant ! » s'exclame la maman en joignant les mains.

« J'en veux une aussi », se met à gémir Françoise soudain jalouse.

« Sans problème », dit la jeune femme qui retourne précipitamment vers sa voiture et en revient bientôt avec une autre couronne pour Françoise.

« On dirait une petite princesse,

c'est merveilleux!» La maman applaudit. «Merci beaucoup, jeune fille.»

Sur un signe de la main, elle congédie la jeune femme. Le père accompagne celle-ci à la voiture. De la fenêtre, Francis remarque qu'il lui remet une importante somme d'argent.

«Souhaitez-vous aller dans la salle de bains?» leur demande leur nouvelle maman.

«Oh non, surtout pas!» proteste Françoise.

«Plus jamais», reprend Francis. «Plus jamais nous ne ferons notre toilette. Jamais nous ne nous laverons les dents. Pouah!»

Et Francis de tirer la langue à la nouvelle maman. Pourquoi a-t-il fait cela ? Il n'en sait rien lui-même. Il l'a fait, voilà tout.

La maman va certainement se fâcher. Mais non, elle se contente de répondre : « Comme vous voulez, mes enfants. »

« Je vais aller dormir », dit Françoise d'une toute petite voix.

« Moi aussi », fait Francis en bâillant.

« Vos lits sont prêts, mes chéris. Allez dormir si vous avez sommeil. Vos chambres sont derrière les salles de jeux. Bonne nuit ! »

« Bonne nuit », répond Françoise.

« B… nuit… » murmure Francis.

En ouvrant la porte de sa chambre,

Francis découvre une immense pièce presque déserte, à l'exception d'un grand lit bleu à baldaquin.

«On peut y dormir à dix!» s'exclame Françoise.

Se précipitant dans sa chambre, elle retrouve le même décor, mais, cette fois, avec un lit de couleur rose. Une chemise de nuit en soie s'étale sur le lit. Françoise fait la grimace car la chemise n'est guère douillette à porter.

«Françoise!» appelle Francis de sa chambre. «Le tissu de mon pyjama me glisse des doigts.»

«Garde ton vieux pyjama», lui répond-elle. Et elle s'étend sous les couvertures.

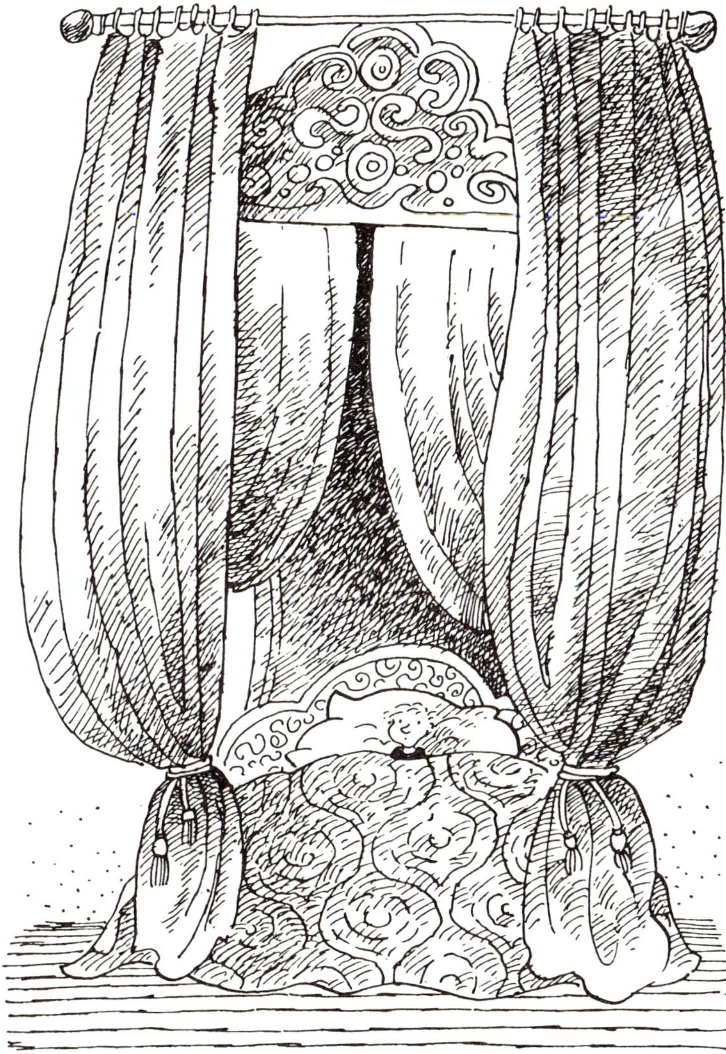

Bientôt, on n'entend plus un bruit.

Francis s'est pelotonné dans son lit. Il contemple le plafond de sa chambre. Françoise est horriblement loin de lui. Heureusement qu'il a son ours. « C'est bizarre ici, ne trouves-tu pas ? » lui souffle-t-il.

L'ours a fait oui de la tête, Francis l'a bien vu. Et Francis se met à sucer son pouce.

« Francis ! » crie Françoise de l'autre chambre.

« Oui ? » hurle Francis.

« Tu dors ? » clame Françoise.

« Oui ! » s'égosille Francis.

« Dommage ! » pense Françoise. De son lit, elle voulait lui envoyer un gros bisou pour lui souhaiter bonne nuit.

UNE NOUVELLE JOURNÉE

En se réveillant ce matin-là, Francis ne reconnaît pas sa chambre. Il bondit de son lit et traverse la salle de jeux en courant. Le voilà qui trébuche sur son train électrique.

« Françoise, où es-tu ? » s'écrie-t-il.

Il entre en trombe dans la chambre de sa sœur. Françoise, assise toute raide dans son lit, sanglote à grosses larmes.

« Françoise, que se passe-t-il ? » demande Francis. A quatre pattes, il rejoint Françoise sous les couvertures.

« Je ne sais pas », gémit-elle en reniflant.

« Peut-être que tu as faim ! Il y a une sonnette juste au-dessus du lit », remarque Francis, en tirant un grand coup sur le cordon. Aussitôt une femme de chambre apparaît dans l'entrebâillement de la porte.

« Bonjour jeunes gens », leur dit-elle. « J'appelle tout de suite vos parents. »

On entend alors des pas pressés, et la mère s'approche du lit.

« Bonjour, bonjour mes enfants », dit-elle d'une voix enjouée. « Comme c'est charmant, deux enfants dans le même lit alors que nous pouvons nous en offrir des centaines ! »

Les valets de chambre entrent en poussant le petit déjeuner sur la table roulante.

Françoise a retrouvé toute sa bonne humeur.

« C'est un vrai petit déjeuner pour les enfants ! » s'exclame-t-elle.

« On peut vraiment déjeuner au lit ? » demande Francis incrédule.

« Naturellement ! » dit la nouvelle maman.

Elle prend elle-même les plateaux de la table roulante et les dépose sur le lit. Ces plateaux sont couverts de friandises : nounours en sucre, plaquettes de chocolat, chewing-gums, immenses sucettes et bâtons de réglisse.

« Bon appétit ! » leur dit la maman qui déjà les laisse seuls.

Francis mastique à pleines joues.

Françoise, elle, n'en peut déjà plus. « Si seulement on avait moins mangé hier ! » se lamente-t-elle.

Sautant de son lit, elle va à la fenêtre.

« Et voilà ! On ne peut plus se faire de câlins », se plaint Francis.

« Viens voir », l'interpelle Françoise. « En bas, il y a un grand terrain de jeux. Rien que pour nous. »

« Mais... il n'y a pas un seul enfant ! » remarque-t-il tristement.

« Comme c'est dommage ! » dit Françoise qui n'a déjà plus envie de jouer.

«Regarde, il y a une porte ici!» s'exclame Francis à la vue d'un loquet sur le mur tapissé de papier à fleurs. «On dirait une entrée secrète.»

Il secoue le loquet et la porte s'ouvre sur une autre pièce: le vestiaire.

Un miroir d'une taille impressionnante recouvre toute une paroi. Les autres murs sont couverts d'étagères où s'entassent des pull-overs, du linge, des pantalons, des chaussettes, des chaussures, des manteaux et d'innombrables chapeaux.

«Diable, en voilà des habits!» fait Francis.

Françoise est déjà occupée à fouiller dans les armoires. Elle a enfilé une robe à carreaux, un chemisier à pois rouges et verts avec, aux pieds, une chaussette noire et une bleue.

«Alors?» interroge Françoise en pouffant de rire.

Mais Francis secoue la tête. «Non, ce n'est pas beau!»

Ensuite, Françoise enfile des chaussures de couleurs différentes. Elle pousse des petits gloussements d'excitation:

«Tu vas voir, Francis. Notre nouvelle maman va sûrement se mettre en colère. »

« Pourquoi devrait-elle se mettre en colère ? »

Françoise réfléchit un instant, hausse les épaules et conclut : « Je n'en sais rien. »

Francis file dans sa chambre. Gagné ! Il y a aussi une porte dissimulée par le papier mural et qui ouvre sur un autre vestiaire. Son vestiaire ! Il enfile pêle-mêle toutes sortes de vêtements puis sonne ses parents.

« On peut vous aider ? » demande le père.

« Avez-vous besoin de quelque chose ? » poursuit la mère.

Les enfants font signe que non.

« Comment me trouvez-vous ? » demande Françoise en pirouettant dans sa robe à carreaux.

« Et moi, je vous plais ? » ajoute Francis en grimaçant.

« Euh... » commente le père.

« Eh bien... » poursuit la maman, « je crois que ça n'est guère de notre goût,

mais enfin, si cela vous plaît, nous en sommes très contents. »

Du coup, cet accoutrement ennuie Françoise. Elle enlève sa robe et reste plantée debout dans son vieux pyjama. Francis l'imite aussitôt.

« Souhaitez-vous voir le maître ? » demande le nouveau papa. « Je suis sûr que cela va vous faire plaisir. »

« Le maître !!! » Françoise reste interdite, ne sachant quoi répondre.

« Moi, je vais encore à la maternelle », s'empresse d'avancer Francis.

Enfin Françoise réussit à articuler quelques mots : « Et moi, je vais dans une école avec beaucoup d'autres enfants. »

« Ce n'était qu'une proposition », les

rassure aussitôt le père. « Restez donc à vous amuser dans les salles de jeux. »

La maman sourit d'un air compréhensif. « Passez un bon après-midi, mes petits. »

Elle donne le bras à son mari et tous deux s'éloignent. On pourrait maintenant entendre voler une mouche.

« Je veux rentrer à la maison », pleurniche Francis.

« Mais c'est ici notre maison », lui répond Françoise d'une voix lugubre.

« On est riches maintenant », dit Francis en pleurant de plus belle.

« Et heureux ! » ajoute Françoise entre deux sanglots.

Elle se lève brusquement et d'un air décidé attrape son frère par la main.

« Viens, Francis ! Prends ton nounours ! Allez ! »

Ils franchissent la porte en courant et dégringolent l'escalier… Devant la porte principale, ils croisent un domestique qui s'escrime à astiquer les enjoliveurs de la belle automobile noire.

Apercevant les enfants, celui-ci balaie le sol d'une profonde et respectueuse révérence. Un peu plus loin, les parents, assis sur des chaises de jardin blanches, s'apprêtent à déjeuner.

« Vous avez envie de faire un tour ? On peut demander au chauffeur de vous emmener en voiture », leur crie le père.

« Non, merci ! » lance Françoise qui s'élance sur le chemin de gravier au grand galop, tirant toujours Francis par la main.

« Par ici ! » indique Françoise. « Toujours en direction du soleil. »

La petite route s'étire indéfiniment. Pas de maison en vue, rien que des prairies et des champs, et encore cette petite route qui court jusqu'à l'horizon.

Au milieu d'un champ, ils découvrent une vieille horloge et son balancier. Des vaches paissent alentour. Les enfants s'aperçoivent qu'il fait maintenant nuit noire.

« Il est déjà une heure du matin », s'exclame Françoise.

Ils ont couru si longtemps.

« Je n'en peux plus ! » laisse échapper Francis, appuyant le nounours contre son petit ventre chaud. Ils s'arrêtent net. « Il faut que mon nounours reprenne haleine », explique-t-il.

« Bien sûr, soufflons un peu. » Françoise jette un coup d'œil à la ronde. Elle arrive à percevoir les formes malgré la nuit noire comme de l'encre. Un lit trône en plein milieu du champ.

Francis, que rien n'étonne, grimpe dessus et se love sous la couette, serré contre Françoise. Comme il y fait bon ! Ses yeux se ferment déjà.

« Françoise », chuchote-t-il en bâillant et s'étirant de fatigue, « Françoise,

tu crois qu'ils nous aiment encore ?»

«J'espère», soupire-t-elle. Elle préfère ne pas y penser. «Viens, dormons un peu puis nous repartirons.»

Francis, son pouce enfoui dans la bouche, se blottit contre sa sœur.

DE RETOUR A LA MAISON

Françoise entrouvre les yeux. Etonnée, elle regarde partout dans sa chambre. Auprès d'elle, Francis respire paisiblement. Elle ne sent plus l'odeur d'herbe de la prairie. Au fait, où est-elle cette prairie ?

« Francis », appelle-t-elle doucement. « Réveille-toi ! »

D'un bond, Francis se retrouve assis sur son lit et fixe sa sœur les yeux écarquillés.

« Françoise », s'écrie-t-il, « Françoise, nous sommes à la maison ! »

Françoise acquiesce. Elle prend Francis dans ses bras et le serre fort contre elle, à lui couper le souffle.

« A la maison », dit-elle en riant, « nous sommes vraiment à la maison. »

La porte s'ouvre. Leur maman entre dans la chambre.

« Alors, les dormeurs ? » dit-elle en s'asseyant à leur chevet.

Francis et Françoise observent leur mère comme s'ils la voyaient pour la première fois. Francis attrape le pan de sa jupe et le frotte contre sa joue. Françoise agrippe les cheveux de Maman.

« Tout est vrai », crie-t-elle émue.

Maman les regarde étonnée.

«Que vous arrive-t-il ?» demande-t-elle, les regardant tour à tour. «Il est temps d'aller à l'école.»

Maman regarde sa montre. «Oh là là, il faut encore que je prépare le petit déjeuner.» Elle se précipite dans la cuisine.

«Francis», demande Françoise, «as-tu fait ce rêve étrange, toi aussi ?»

Francis hoche la tête, à moitié engourdi de sommeil.

« J'ai rêvé d'un bureau d'échange des parents », murmure-t-il lentement.

« On avait d'horribles parents », gémit Françoise. « Ils faisaient tout ce qu'on voulait. »

Francis en attrape la chair de poule. Il se frotte les bras. « Tu sais, ils étaient si tristes, vraiment sinistres. »

L'odeur du café et du chocolat pénètre dans la chambre. On entend ronronner le rasoir de Papa qui fait sa toilette dans la salle de bains.

Main dans la main, Francis et Françoise s'y rendent et le contemplent d'un air rayonnant.

« Alors, les petits ? » dit Papa, qui ne peut les voir car il se rase devant le miroir.

« C'est bien que tu sois là », dit Françoise.

« Oui, vraiment », répète Francis.

Papa arrête son rasoir et, très étonné, regarde ses enfants.

« Mais je suis là tous les matins », dit-il en riant. Il donne une petite tape affectueuse sur les fesses de Francis et ébouriffe les cheveux de Françoise. « Allez ouste, dehors, je ne serai jamais prêt à l'heure. »

Sans répliquer, Francis et Françoise regagnent leur chambre. Ils s'assoient sur le bord du lit sans dire un mot et attendent que leur père sorte de la salle de bains pour s'y rendre. Ils prennent une douche et se savonnent mutuellement. Francis se peigne tout seul, Françoise étale un peu de dentifrice sur sa brosse à dents et sur celle de Francis. Et tous les deux se brossent les dents au-dessus du lavabo.

Prêt à partir, Papa vient s'appuyer contre le chambranle de la porte et consulte sa montre. « Incroyable », fait-il, « prêts en trois minutes. »

Il hoche la tête. « Aujourd'hui nos petits sont sages comme des images ! »

La réponse de Maman lui parvient de la cuisine : « J'ai déjà remarqué. J'espère qu'ils ne nous couvent pas quelque chose. »

« Je t'en prie, s'il te plaît ! » Papa lève les yeux au ciel.

« Le petit déjeuner est servi », annonce Maman. « Voici ton café. Il faut que tu partes. Oh, et moi aussi ! Habillez-vous vite, les enfants. »

Francis et Françoise se pressent vers leur chambre. Comme chaque matin, les vêtements sont accrochés aux portemanteaux. Celui de gauche pour Françoise et celui de droite pour Francis. Ils s'habillent sagement et avec soin. Françoise ne se plaint même pas de cette horrible jupe que Maman lui présente. Elle prépare ensuite son cartable avec application.

Francis s'efforce de faire son lit. Il secoue les couvertures et tire les draps. «Ça n'est pas aussi bien que Maman, mais c'est quand même réussi», pense-t-il.

Puis tous deux s'installent à table pour prendre leur petit déjeuner.

«Que vous arrive-t-il donc? Vous avez des mines réjouies comme si c'était aujourd'hui jour de fête», s'étonne Maman.

«Maman», commence Françoise, «as-tu déjà fait un cauchemar?»

«Oh que oui!» dit Maman en fris-

sonnant. « Ne m'en parle pas. J'ai rêvé que je tombais dans une mousse à la fraise. Dans un compotier rempli de mousse jusqu'à ras bord ! »

« Brr ! » commente Francis en riant aux éclats.

« Notre rêve était bien plus horrible », note Françoise avec le plus grand sérieux.

« Parce qu'on a fait le même rêve,

Françoise et moi », explique Francis en mordant à belles dents dans sa tartine.

« C'est possible », remarque Papa songeur. « Lorsque j'étais petit, j'ai fait un jour le même rêve que ma sœur. »

« Quel était ce rêve ? » demande Maman intriguée.

« J'ai oublié depuis longtemps. »

« Nous ne révélerons pas le nôtre », disent Francis et Françoise d'une seule voix. Ils partent d'un rire étouffé puis avalent leur müsli sans broncher.

Francis vide sa tasse de chocolat jusqu'à la dernière goutte et Françoise ne rouspète pas en buvant son thé au miel.

Papa pousse Maman du coude d'un air entendu. « Etrange, n'est-ce pas ? »

«Ça ne me déplaît pas trop», remarque Maman.

Francis et Françoise s'essuient la bouche avec leur serviette puis se lèvent et rangent le beurre et les confitures dans le réfrigérateur.

Puis Françoise entasse la vaisselle dans l'évier et Francis passe l'éponge sur la table.

Leurs parents, pourtant pressés, les observent avec curiosité.

« Tout cela a-t-il un rapport avec votre rêve ? » demande Maman.

Les enfants acquiescent de la tête et rient à nouveau.

Doux comme des agneaux, ils retournent dans la salle de bains et se brossent les dents.

Les parents les suivent.

« Allez, il suffit de le dire : vous avez envie de regarder les émissions pour enfants après l'école », dit Papa.

« Et de voir le policier de ce soir », ajoute Maman.

« Ce n'est pas vraiment ce que nous voulons », répond posément Françoise. « Qu'en penses-tu, Francis ? »

« La télé, c'est idiot », fait Francis en nettoyant le lavabo.

Papa semble de plus en plus perplexe.

« On n'en tirera rien de ces deux-là. Allons, en route maintenant ! »

Maman met tout son petit monde dehors, puis elle ferme la porte à clé et prend sa bicyclette. Francis et Françoise la suivent sur quelques mètres en courant, et Maman reçoit ce jour-là en supplément un gros baiser de Françoise et un câlin de Francis.

« Mais !... Nous nous revoyons à midi », dit-elle mi-étonnée, mi-souriante.

« Pourvu », gémit Francis, « pourvu que je ne m'endorme pas à la maternelle et refasse cet épouvantable cauchemar ! »

« En route, polissons ! » crie Papa qui a déjà mis le contact de la voiture. « Il est huit heures moins dix ! »

Les enfants grimpent dans l'auto. Alors qu'elle démarre, Françoise baisse sa vitre et crie à sa mère : « On voudrait ne jamais, jamais changer de maman. » De surprise, Maman heurte la voiture de sa bicyclette.

« Jamais ! » ajoute Francis penchant sa frimousse aux côtés de Françoise.

« Et jamais de papa non plus », font les enfants en s'accrochant au cou de leur père, qui doit freiner pour éviter de justesse l'accident.

« Attention », leur dit-il gentiment.

Ils font une dernière fois de grands signes à Maman avant de se laisser retomber sur la banquette. Ils ont l'air radieux.

« C'est quand même mieux qu'une Rolls », chuchote Francis.

« Où allons-nous, messieurs dames ? » demande Papa.

« A l'école, s'il vous plaît », répond Françoise d'une voix de grande dame.

« Ensuite à la maternelle », ordonne Francis.

« Très bien, à vos ordres », répond Papa en prenant un virage.

Francis et Françoise sursautent avec un petit pincement de cœur.

Rassurez-vous, c'est bien leur vrai papa qui parle ainsi.

Voici l'école. Françoise descend et fait de grands signes d'adieu à Papa qui poursuit sa route en compagnie de Francis.

Il s'arrête devant la maternelle.

« Vous êtes les meilleurs parents du monde ! » dit Francis, embrassant Papa une dernière fois avant de s'élancer dans l'escalier.

« Et vous, les meilleurs enfants », murmure Papa, qui démarre. Il est déjà bien tard.